FULL SCORE

WSL-18-018
＜吹奏楽セレクション楽譜＞

# ヤングマン（Y.M.C.A.）

Jack Morali　作曲
宮川成治　編曲

| 楽器編成表 | | |
|---|---|---|
| 木管楽器 | 金管・弦楽器 | 打楽器・その他 |
| Piccolo | B♭ Trumpet 1 | Drums |
| Flutes 1 (& *2) | B♭ Trumpet 2 | *Timpani |
| *Oboe | *B♭ Trumpet 3 | Percussion 1 |
| *Bassoon | F Horns 1 (& *2) | 　　　…Conga |
| *E♭ Clarinet | F Horns 3 (& *4) | *Percussion 2 |
| B♭ Clarinet 1 | Trombone 1 | 　　…Claves,Sus.Cymbal, |
| B♭ Clarinet 2 | Trombone 2 | 　　Tambourine,Cowbell |
| *B♭ Clarinet 3 | *Trombone 3 | Percussion 3 |
| *Alto Clarinet | Euphonium | 　　…Xylophone,Glockenspiel |
| Bass Clarinet | Tuba | |
| Alto Saxophone 1 | Electric Bass | |
| *Alto Saxophone 2 | (String Bass) ※パート譜のみ | Full Score |
| Tenor Saxophone | | |
| Baritone Saxophone | | |

＊イタリック表記の楽譜はオプション

# ヤングマン（Y.M.C.A.）

◆曲目解説◆

　西城秀樹の大ヒット曲がついに吹奏楽譜で登場です！！オリジナルはアメリカのグループ、ヴィレッジ・ピープルが1978年に発表した『Y.M.C.A.』で、1979年に西城秀樹がカヴァー。アルファベットの「Y」「M」「C」「A」を体で表現する振付が大流行し、当時社会現象にもなりました。この吹奏楽譜は、原曲同様にカッコよく、そして盛り上がり度MAXなアレンジ！掛け声のところは、振付を加えながら会場一体となって楽しめます。演奏会の盛り上げ役にピッタリな曲なので、バンドの定番としてレパートリーに加えてみてはいかがでしょうか！

◆宮川成治　プロフィール◆

　1972年、神奈川県三浦市生まれ。高校時代に吹奏楽と出会い、音楽人生が始まる。当時は打楽器を担当していた。作編曲は独学で、初めて編曲じみた事をしたのは高校3年生の頃だったように記憶している。その後、一般の大学に進むも音楽の楽しさが忘れられず、学生バンドの指導を始め今に至る。
　作曲よりも現場のニーズに合わせた編曲をする事が多く、叩き上げで今の技術と知識を身に付けた。現在は学生バンドを指導する傍ら、地域の吹奏楽団・ビッグバンド等で演奏活動を続け、作品を提供している。主な吹奏楽作品に『BRISA LATINA』、『CELEBRATION』、『STAR of LIFE』、『Angels Ladder』、編曲作品多数。第12回「21世紀の吹奏楽"響宴"」入選、出品。

ヤングマン（Y.M.C.A.）- 4

※オクターブ奏法が難しい場合は同音で良い。

## ご注文について

ウィンズスコアの商品は全国の楽器店、ならびに書店にてお求めになれますが、店頭でのご購入が困難な場合、当社PC&モバイルサイト・FAX・電話からのご注文で、直接ご購入が可能です。

◎当社PCサイトでのご注文方法

**http://www.winds-score.com**

上記のURLへアクセスし、WEBショップにてご注文ください。

◎FAXでのご注文方法

**FAX．03-6809-0594**

24時間、ご注文を承ります。当社サイトよりFAXご注文用紙をダウンロードし、印刷、ご記入の上ご送信ください。

◎電話でのご注文方法

**TEL．0120-713-771**

営業時間内にお電話いただければ、電話にてご注文を承ります。

◎モバイルサイトでのご注文方法

右のQRコードを読み取ってアクセスいただくか、URLを直接ご入力ください。

※この出版物の全部または一部を権利者に無断で複製(コピー)することは、著作権の侵害にあたり、著作権法により罰せられます。

※造本には十分注意しておりますが、万一落丁乱丁などの不良品がありましたらお取替え致します。また、ご意見ご感想もホームページより受け付けておりますので、お気軽にお問い合わせください。

Piccolo

# ヤングマン (Y.M.C.A.)

西城秀樹

Jacques Morali 作曲
宮川成治 編曲

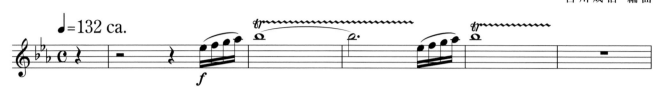

Oboe

# ヤングマン（Y.M.C.A.）
西城秀樹

Jacques Morali 作曲
宮川成治 編曲

Bassoon

# ヤングマン（Y.M.C.A.）
西城秀樹

Jacques Morali 作曲
宮川成治 編曲

E♭ Clarinet

# ヤングマン（Y.M.C.A.）
西城秀樹

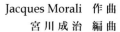

Jacques Morali 作曲
宮川成治 編曲

B♭ Clarinet 2

# ヤングマン（Y.M.C.A.）
西城秀樹

Jacques Morali 作曲
宮川成治 編曲

Alto Clarinet

# ヤングマン（Y.M.C.A.）

西城秀樹

Jacques Morali 作曲
宮川成治 編曲

Alto Clarinet

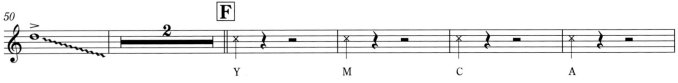

Baritone Saxophone

# ヤングマン（Y.M.C.A.）
西城秀樹

Jacques Morali 作曲
宮川成治 編曲

B♭ Trumpet 2

# ヤングマン（Y.M.C.A.）
西城秀樹

Jacques Morali 作曲
宮川成治 編曲

B♭ Trumpet 3

# ヤングマン（Y.M.C.A.）
西城秀樹

Jacques Morali 作曲
宮川成治 編曲

F Horns 3&4

# ヤングマン（Y.M.C.A.）
西城秀樹

Jacques Morali 作曲
宮川成治 編曲

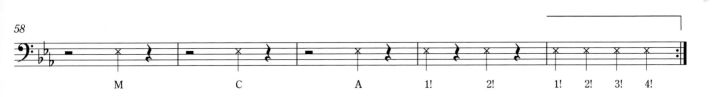

ヤングマン（Y.M.C.A.）- 2

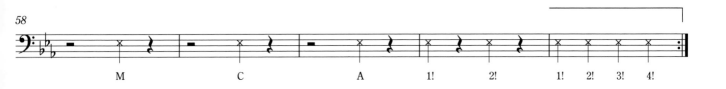

# ヤングマン（Y.M.C.A.）
西城秀樹

Jacques Morali 作曲
宮川成治 編曲

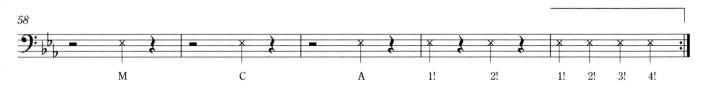

Euphonium

# ヤングマン（Y.M.C.A.）
西城秀樹

Jacques Morali 作曲
宮川成治 編曲

Electric Bass

# ヤングマン（Y.M.C.A.）
西城秀樹

Jacques Morali　作曲
宮川成治　編曲

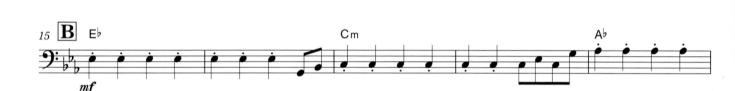

※オクターブ奏法が難しい場合は同音で良い。

String Bass

# ヤングマン（Y.M.C.A.）
### 西城秀樹

Jacques Morali 作曲
宮川成治 編曲

String Bass

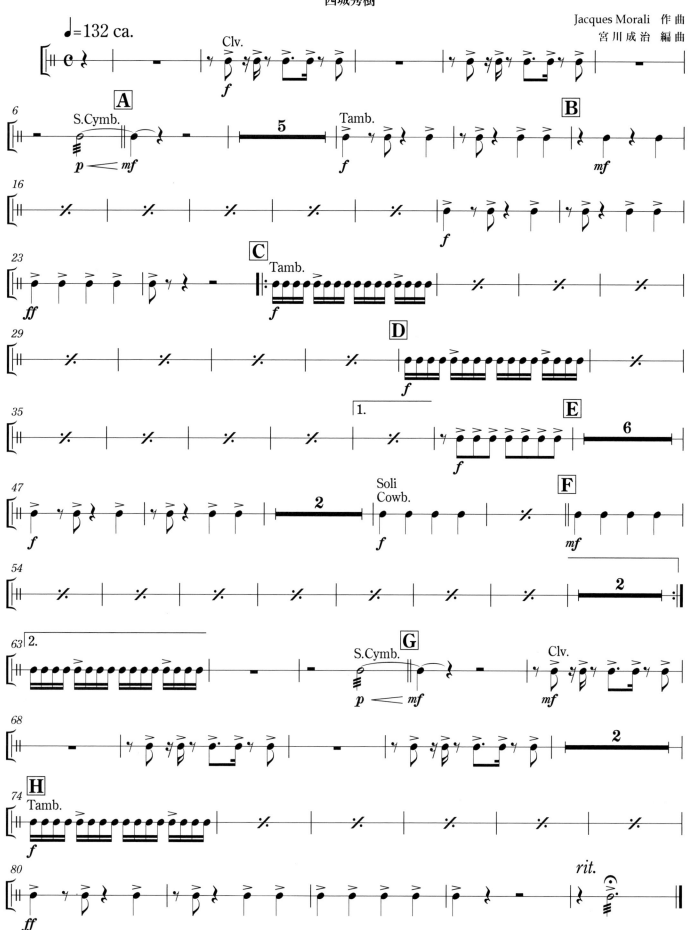